La Femme

ET

la Liberté

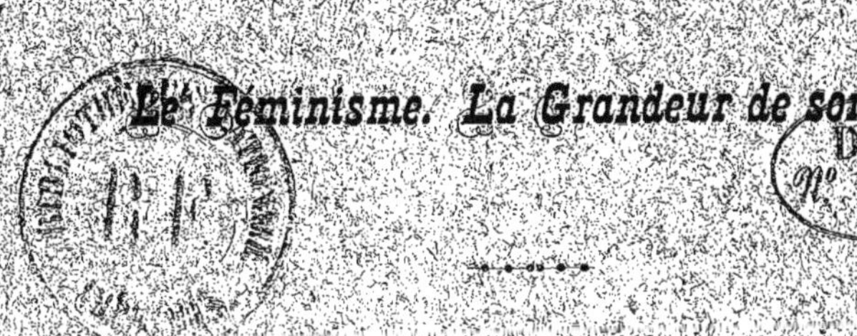

Le Féminisme. La Grandeur de son but

La Femme intégrale

par

Mme Lydie MARTIAL

Prix : 1 fr. 50

PARIS

EN VENTE CHEZ L'AUTEUR

1901

13 R. St Florentin

LA FEMME ET LA LIBERTÉ

Le Féminisme. La grandeur de son but.

LA FEMME INTÉGRALE

La Femme

ET

la Liberté

Le Féminisme. La Grandeur de son but

La Femme intégrale

PAR

Mme Lydie MARTIAL

LA FEMME ET LA LIBERTÉ [1]

Monsieur le Président,

Mesdames, Messieurs,

Partout, en France, sur les murs de nos monuments publics, en tête des actes administratifs et gouvernementaux, brillent trois mots magiques : ils proclament, à la face du monde, le credo français, le credo humain.

A plusieurs reprises, depuis 1789, l'on a versé du sang en leur nom, et des vaillants leur ont voué leur vie et leur intelligence, ont lutté, même désespérément, pour en faire des réalités.

Depuis trente années consécutives qu'on les écrit et qu'on les lit, à force de les voir et de les répéter, à force de les désirer, beaucoup pourraient s'illusionner et croire que ce qu'ils affirment existe autrement qu'en symbole. Ces mots, qui représentent l'apogée de l'état social et renferment l'avenir de l'humanité (si elle doit jamais appliquer la solution du bonheur général), forment un tout absolu dont les trois fractions : Liberté, Egalité,

---

(1) Conférence prononcée par Mme Lydie Martial, le 28 avril 1901, sous la présidence de M. Meurgé, maire du V⁰ arrondissement, en la salle de la mairie du V⁰ arrondissement. Séance de la Société pour l'amélioration du sort de la Femme et la Revendication de ses droits.

Fraternité, sont si intimement liées entre elles que chacune, malgré son allure indépendante, ne peut être, ne peut devenir, que par l'existence des deux autres. La Liberté n'est qu'un vain mot sans la complète Egalité des droits pour tous, et la Fraternité ne peut régner que par cette même Egalité, ayant acquis de la Liberté son intégralité.

Si quelques uns, croyant à l'existence de ce qu'ils espèrent, ou emportés par la rapidité de la vie qui fait trop facilement se contenter d'une apparence, se sont imaginé que notre fière devise nationale était autre chose qu'un but proposé, le plus grand, le plus élevé des buts, mais un but à poursuivre, très difficile à atteindre, ils se sont foncièrement trompés.

Ils n'ont pour s'en convaincre qu'à ouvrir les yeux et à oser regarder : la lutte est en tout, la lutte est partout. C'est pour la Liberté, c'est pour l'Egalité, c'est au nom de la Fraternité que l'on bataille, et voilà plus d'un siècle que cela dure. C'est qu'il y a loin de l'idée, du mot au fait, du désir à la réalisation, et qu'un espoir de bonheur, jeté à la convoitise légitime de tous, n'ouvre pas seulement le champ à toutes les aspirations, à toutes les grandes pensées, à toutes les conceptions généreuses, réalisables ou chimériques, mais aux rancœurs et aux amertumes, aux haines des intérêts qu'ils dérangent et contrecarrent, aussi bien qu'à tous les besoins, à toutes les facultés, à tous les droits, qui, tant qu'ils ne seront pas dégagés des ambitions de ceux qui les exploitent en faisant trop souvent semblant de les aider, tant qu'ils ne seront pas satisfaits, au moins raisonnablement, lutteront sans relâche pour acquérir la rénovation promise.

Eh ! quoi ? dira-t-on, n'avons-nous pas la Liberté ? N'est-ce pas pour elle que l'on a commencé de combattre ? Et ne semble-t-il pas, à part quelques ouvriers qui font grève et la femme qui veut s'émanciper et réclamer ses droits, que tout le monde soit satisfait d'elle ?

« La philosophie, a dit une femme d'esprit, est l'art de supporter allègrement les peines d'autrui. » C'est bien ainsi, en effet, qu'elle se manifeste chez les rares satisfaits d'aujourd'hui.

Est-ce que tant qu'il y aura des exceptions la vraie liberté aura lui? Est-ce que tant que ceux qui ont le plus vaillamment lutté pour elle, le peuple et la femme, n'en bénéficieront pas entièrement, la question sera résolue? Donc, nous n'avons pas la Liberté.

La Liberté et l'Égalité sont pourtant deux lois essentielles de la vie humaine et, jusqu'à ce qu'elles soient effectives, la Société restera chancelante, en proie au mal et à l'erreur. Car le mal, c'est tout ce qui rejette l'individu dans la bestialité, l'ignorance et l'erreur, et lui fait perdre l'acquis du bien; et le bien c'est : intention, parole, acte, fait, tout ce qui aide l'individu à se dégager de ses instincts grossiers et à élever son esprit, son intelligence et son cœur au-dessus d'eux, pour découvrir la vérité et conquérir la Liberté.

La liberté! Nous croyons tous savoir ce qu'elle est puisque nous luttons pour elle; nous la mesurons, *a priori*, à la torture de la dépendance, à l'infélicité que nous jugeons en être le résultat, à la comparaison que nous établissons entre le servage qui nous tenaille et le spectacle de la prétendue liberté des privilégiés de la loi.

Mais, réellement, qu'est-ce donc que la Liberté?

La Liberté, c'est, avant tout, la faculté d'agir sans être gêné par la volonté des autres, faculté limitée par le droit d'autrui de n'être pas gêné par notre volonté.

La Liberté, c'est le droit de donner essor à nos facultés, développement à notre intelligence, d'avoir notre place dans la vie.

La Liberté, c'est la faculté du perfectionnement intégral de la personne humaine, à quelque sexe qu'elle appartienne.

La Liberté est donc, en somme, l'essor de toutes les facultés humaines, c'est la loi de l'individu comme le mouvement est la loi des mondes et l'on peut ajouter :

l'amour qu'on lui porte est en raison directe de l'élévation de l'esprit et du cœur.

Consciemment ou inconsciemment, c'est pour arriver à cette cîme que nous combattons depuis 89. Y atteignons-nous ? Pas encore, puisqu'il est des individus qui souffrent de ne pouvoir même y prétendre et qui réclament.

On nous dira : « Vous avez toutes les libertés ; on vous les a accordées une à une : la liberté de pensée, la liberté de conscience, la liberté d'action, la liberté de la presse et de la parole, le droit de grève et celui de réunion, le suffrage universel. »

Mais qu'est-ce qu'un droit abstrait sans les moyens *pour tous* de l'exercer complètement ? Car, pour le suffrage dit universel, il le sera bientôt, nous le voulons ardemment ; mais en attendant qu'il le devienne, il n'est que partiel et surtout partial. Or, sans lui, nous ne pouvons légalement pas exercer toutes nos facultés. Ceci est facile à démontrer.

Si, en plus des libertés ci-dessus énoncées, nous avons le droit de faire ce qui n'est pas défendu par les lois, nous n'en sommes pas moins tributaires des lois restrictives de la liberté ; tant qu'il nous les faudra subir, tant que nous ne les aurons pas fait abroger, c'est dans nos plus légitimes droits d'existence, d'extension et de développement que nous resterons lésés.

Toutes les libertés sont solidaires, et, toutes ensemble, ont pour support l'égalité absolue des droits *de tous les individus sans distinction de sexe.*

Car l'humanité, ne l'oublions pas, Mesdames et Messieurs, se compose de deux facteurs : l'homme et la femme. Nous avons raison de le rappeler à la société humaine et d'insister : c'est dans l'intérêt de tous. Donc l'humanité se compose de deux facteurs. L'un, le masculin, s'est arrogé la puissance ; il a fait des lois pour l'assurer et l'affermir ; il y tient beaucoup ; et s'il s'entête à les trouver bonnes et justes, malgré les représentations de sa raison et les éclairs de justice qui l'illu-

minent aux heures de digestions heureuses et lui font
escalader pour un fugitif moment les hauteurs de l'impersonnalité, s'il les maintient avec une persistance
jalouse, c'est qu'elles lui sont toutes favorables et
qu'elles lui garantissent non seulement la liberté sociale
plénière, mais jusqu'à la licence de ses satisfactions, et
qu'il est très content de les avoir trouvées ainsi faites
sans avoir eu la peine de lutter pour les acquérir.

Pour l'autre facteur, le féminin, c'est une autre affaire,
et d'ailleurs, il n'en réclame pas tant : la liberté lui suffi-
rait et lui conviendrait mieux par les limites qu'elle
imposerait immédiatement à la licence des privilégiés.

Si l'on veut comprendre les erreurs légales du temps
présent, il faut remonter aux sources de l'humanité et à
son histoire, il faut tenir compte des luttes acharnées qui,
à travers les siècles, marquent les étapes fameuses de
l'histoire humaine et qui, voilées, dénaturées avec soin
par le vainqueur, cachent, sous leurs épopées, la constante volonté d'employer tous les moyens possibles,
jusqu'à la destruction des preuves de la valeur du
vaincu, quand il est le féminin, jusqu'à l'altération des
textes qui pourraient en témoigner, pour conserver à
l'homme la suprématie et la certitude d'être considéré
comme le chef-d'œuvre moral et intellectuel, comme le
maître indiscutable des êtres créés.

Il serait trop long d'indiquer ici les états sociaux des
différentes sociétés humaines depuis le patriarchat jusqu'à notre présente civilisation, de passer en revue
l'ethnographie : partout, avec des fluctuations et des
modes différents, la femme y a été écrasée sous la force
des religions et des lois; et l'on s'est étonné de ce que,
comprimée et abandonnée à l'ignorance d'elle-même,
d'un côté, elle ait été une proie facile dans les mains
d'un sacerdoce ambitieux (qui ne faisait qu'exercer à
sa manière ce que le civil accomplissait sous le couvert
des lois), et, d'un autre côté, elle ait essayé de tourner
ces dites lois par la ruse et l'adresse, seuls moyens pour
elle de dépenser une impérieuse activité et une intelli-

gence obscurcie par l'ignorance, trompée par l'imagination! Il n'y a pourtant là rien qui ne soit logique.

Toutefois, en Europe, depuis l'ère chrétienne, et surtout au sortir de l'obscurantisme du Moyen âge, en France, en Italie, dans les Flandres libérales, nous voyons la situation morale de la femme s'améliorer. C'est encore le servage, c'est toujours l'erreur sur elle-même, mais enfin on lui accorde une âme. Et il n'est rien de plus intéressant que de suivre les degrés de la prépondérance que la civilisation lui permet d'acquérir chez nous, puis l'état d'abaissement que la réaction révolutionnaire lui fait subir, pour lui permettre enfin de vouloir se sortir elle-même de son infériorité. Nous allons rapidement en évoquer l'histoire.

Avec le christianisme, avec la chevalerie, pour la femme, en France, l'aurore a lui; c'est la charité, c'est la poésie qui l'éclairent, mais c'est elle qui porte le flambeau. Elle est forte à présent, sa faiblesse est armée, elle connaît le chemin des cœurs qu'elle conquiert à la fois par l'amour et par l'imagination. Peu à peu, à son contact plus tendre, l'homme, moins entraîné vers les expéditions lointaines, retenu par les soucis de la propriété conquise, du domaine à défendre, s'adoucira. Non seulement il lui laissera prendre, mais il lui ménagera une place privilégiée à côté de lui. Elle sera bientôt le chant des poètes, le prix du tournoi et, si elle jette le cri d'alarme de la patrie en danger, il suivra sa bannière qui le conduit à la victoire.

Après les guerres d'Italie, il n'y aura plus d'attrait pour l'homme, en France, que là où elle laissera admirer son élégance et ses charmes. Il la couvrira de richesses et s'inspirera de sa délicatesse pour favoriser les lettres et les arts; il recherchera la finesse de son esprit, se complaisant dans le servage, sans s'apercevoir que la force nouvelle de son idole n'est faite que de celle qu'il a perdue. Les appréciations féminines font la loi. Dans les grands et les petits fiefs de la couronne, les femmes, les châtelaines exercent des droits égaux à ceux des hommes. Près de la beauté, de l'esprit, de la grâce, près de la femme de ce temps-là enfin, se réfugient toutes les quintessences : elle régente le langage et l'épure, même ne la voit-on pas, sur les marches du trône, femme ou maîtresse de roi, faire œuvre de diplomatie éclairée.

Elle ne brille pas seulement : elle règne. Et il en est ainsi du haut en bas de l'échelle sociale. Partout la femme est si bien la souveraine que l'homme en acquiert des manières courtoises, des habitudes de déférence telles, dans ses rapports avec elle, que, dans les vieilles familles françaises, même de petite bourgeoisie, malgré les bouleversements du XIXᵉ siècle, l'usage s'en conservait encore très vivace jusqu'il y a trente ans, et y semblait ancré comme une seconde nature. Il s'efface, dans peu il aura disparu...

Prenons garde cependant à ce que la femme avait perdu en arrivant à l'apogée de sa puissance. Déjà sa supériorité devient encombrante : de sourdes attaques menacent son prestige.

Les philosophes, les savants, aiguisent sur son âme, à peine reconnue, la pointe de la dissection. Napoléon, par le peu de cas qu'il veut sciemment faire d'elle, lui porte une terrible atteinte que les droits accordés par la Révolution compensent mal.

Du nouvel état social que cette dernière a créé, la femme reste la victime sacrifiée ; victime d'autant moins plainte et de laquelle on s'occupe d'autant moins alors de relever l'abaissement, qu'elle ne semble pas, comme le Roi d'abord et de la Religion ensuite, avoir été mise en accusation, et qu'il importe peu de la tirer d'affaire, puisqu'elle n'est pas à craindre, devenue quantité sociale négligeable, et que les instincts brutaux, ayant recouvré la suprématie, ne se soucient pas de se donner des maîtres sentimentaux dont ils craignent la supériorité morale.

Dans certains milieux on la considère encore, mais on

la discute ferme. Ce n'est plus la sereine prépondérance des XVIIe et XVIIIe siècles.

La femme s'en émeut.

Une lutte est ouverte, dans laquelle le souci de destruction de l'ancien régime fait triompher l'homme à la faveur des idées nouvelles.

De chaque côté, on s'étudie, on s'observe ; tout le monde écrit ses mémoires, tant par crainte du jugement porté par autrui que pour le redresser dans la pensée de la postérité à laquelle chacun croit avoir le droit de faire sa cour. La femme, encore peu habituée aux attaques morales sérieuses après des siècles de déférence, se défend mal. L'homme la harcèle de bonne guerre de ses propres révélations, car elle a beaucoup écrit sur elle-même et sur ses congénères dans ses jours de triomphe, et il se sert contre elle des observations échappées trop souvent à la vanité déçue.

Mme de Staël, frappée de la situation féminine, élève alors sur elle les accents de son génie. Elle combat éloquemment dans son beau livre : « De l'Allemagne, » bien que les habitudes et l'atavisme de sa pensée, après un tableau superbe de l'état de déchéance qu'elle déplore pour son sexe, ne lui permissent de conclure que par un parallèle qui se termine ainsi : « Pendant que les hommes ne savent pas dignement employer leur vie, les femmes cultivent leur esprit, et le sentiment et la rêverie conservent dans leur âme l'image de tout ce qui est noble et beau. »

On ne sauve pas plus dignement l'impuissance.

Ces justes revendications ne furent que de vaines et superbes paroles.

1830 et le romantisme servant tous les intérêts masculins, malgré quelques preuves de commisération sincère, préparaient à la femme des pièges subtils : « Ah ! tu as du cœur ! tu veux de la tendresse, ton échec de 89, en t'abaissant, te fait exhaler des soupirs qui ressemblent à des élans de pure envolée ; eh ! bien, l'on va te servir ! » Et voici l'homme qui confectionne, pour s'emparer de l'oiseau sentimental, des trébuchets poétiques, englués d'amour éternel, de morbidesse, de regards noyés, d'yeux au ciel, par lesquels la femme perd à la fois la tête et le sens moral.

Les poètes mettent la dernière main à l'œuvre, car seraient-ils Victor Hugo, Lamartine, Musset, voire Michelet, ils aiment et chantent la femme pour eux et non pour elle-même, et l'homme peut savourer sa victoire : il est redevenu le maître.

Tout a concouru à lui faciliter cette victoire.

La première moitié du XIXᵉ siècle, déchirée par les guerres napoléoniennes, les révolutions, les menées politiques, les luttes intestines, est en pleine fermentation. Les idées philosophiques ont germé et jettent la perturbation dans les âmes : le doute plane sur elles. Le rêve de la Liberté et de l'égalité sociales hante les cervelles, soulève les poitrines ; il ne reste que trop peu de place pour la femme et pour l'amour qui se réfugient chez les poètes où nous savons ce qu'ils en ont fait.

L'homme ne s'inquiète que très peu de ces valeurs secondaires ; il les abandonne à elles-mêmes ou à des rêveurs dont les essais humanitaires ne sont pas concluants et ne peuvent guère faire leur preuve au milieu du désordre, de l'ironie, du mépris ou de l'indifférence. Les croyances religieuses vont s'affaissant dans le cœur de la femme ; elles la laissent sans appui, sans soutien, se débattre dans les difficultés de la destinée périlleuse que l'ignorance, l'erreur et l'impuissance lui tracent.

C'est alors qu'Emile Augier peut faire dire, dans les « Effrontés », par le vieux marquis d'Auterive, à sa jeune femme mortellement atteinte de l'abandon de son amant et d'autant mieux frappée qu'elle ne sait où trouver la consolation : « De mon temps, Madame, on avait Dieu ! » Elle ne l'a plus, la pauvre, et comme elle ne sait ni ce qu'elle vaut réellement, ni ce qu'elle devrait être, elle en agonise.

Le second Empire, bien décidé à ne voir en la femme qu'un indispensable agent du plaisir, la trouva dans un singulier état moral. Il fit rapidement table rase de ses derniers scrupules gênants, en lui donnant le change par des succès où sa vanité trouva peut-être son compte, mais dont sa légèreté fit le plus souvent les frais. Quant à celle qui commençait de se révolter sérieusement, il feignit de l'ignorer.

Les fortunes rapides, l'éblouissement des changements subits de position, en introduisant dans la bourgeoisie des parvenus vaniteux et ignorants, y semèrent des proies faciles et inconscientes, et une perturbation, voisine de la décomposition, aussi influente que l'anglomanie, à une époque antérieure, l'avait été sur la noblesse. De nouveaux combats troublèrent alors un grand nombre de cœurs féminins de problèmes dans lesquels le devoir ne fit pas toujours la preuve, surtout lorsque fut évidente la préférence, l'importance accordées par l'homme aux charmes de la coquetterie provocante.

Classée, comme les chevaux et les chiens de race, en catégories distinctes : la femme de joie et celle de devoir, elle se vit jugée en dernier ressort et de terrible façon par une puissance littéraire : Alexandre Dumas fils, amateur et connaisseur de femmes, s'occupa de la femme en général, de telle façon, qu'il semble avoir pris à tâche de la perdre. Toute une pléiade de jeunes écrivains crut témoigner d'une qualité d'esprit supérieure, que seul le maître pouvait revendiquer, en continuant, trop longtemps, de jeter dans le public, dans l'opinion, dans la mentalité féminine elle-même, par le livre et par le théâtre, le poison de leurs études dites féminines.

La jeune fille, à laquelle on n'apprend rien de ce qu'il lui faudrait savoir, est élevée dans l'ignorance de la vie et de la marche de son temps. On la marie à seize ou dix-huit ans, toute préparée pour la déception, le chagrin et l'isolement. Dans le monde, c'est le demi-monde qui règne. La courtisane, sortie trop souvent des écoles destinées à l'honneur, où on la dresse à tenir un rang que son manque de fortune lui refuse, n'entre pas

moins dans la vie armée pour la conquête, prête à
briller et à vaincre: c'est une puissance. Dans le peuple,
la cocotte a remplacé la grisette, et la République,
régnant sur nos désastres, n'éclaire en 1870 qu'une société
aux trois quarts dissolue. La loi du divorce, en soula-
geant quelques forçats de l'indissolubilité, porte un coup
terrible à l'institution du mariage déjà si compromise...
Et l'esprit, l'âme de ce qui avait été pendant des siècles
la rayonnante femme française, se débattit encore pendant quelque temps douloureusement, sous l'inconscience, l'ignorance croissantes et voulues dont on l'oppri-
mait; elle finit par se retirer, en laissant, dans une
grande partie de la société, le désarroi parmi les femmes
et le champ libre à qui voulut prendre sa place : à
toutes les infusions étrangères. Et ce qui avait semblé
le moins ostensiblement visé dans la Révolution, la
femme de l'anciennne France, avait mis près d'un siècle
à expirer...

Mais, comme suivant les lois de la nature, la mort
engendre la vie, au moment même où elle frappait cette
femme, sans se soucier de la lenteur de son œuvre des-
tructive et bien certaine de son accomplissement, du
sein des émeutes, du sang des victimes, de la masse
agissante du peuple qui, en se remuant, labourait pour
l'avenir un terrain neuf, fertile et vigoureux, de l'amal-
game de tant d'agents virils, vibrants et impérieux, de
la Révolution enfin, un être nouveau surgissait : La
Liberté.

Elle était rude, un peu sauvage, ne sachant rien que
l'évidence : elle était née et voulait vivre. Ainsi l'art
l'immortalisa. Ainsi le poète la chanta :

> « C'est que la Liberté n'est pas une comtesse
>   Du noble faubourg Saint-Germain,
> Une femme qu'un cri fait tomber en faiblesse
>   Qui met du blanc et du carmin :
> C'est une forte femme aux puissantes mamelles,
>   A la voix rauque, aux durs appas,

Qui, du brun sur la peau, du feu dans les prunelles
        Agile et marchant à grands pas
Se plaît aux cris du peuple, aux sanglantes mêlées,
        Aux longs roulements des tambours,
A l'odeur de la poudre, aux lointaines volées
        Des cloches et des canons sourds ;
Qui ne prend ses amours que dans la populace,
        Qui ne prête son large flanc
Qu'à des gens forts comme elle, et qui veut qu'on l'embrasse
        Avec des bras rouges de sang.

C'est la vierge fougueuse, enfant de la Bastille,
        Qui jadis, lorsqu'elle apparut
Avec son air hardi, ses allures de fille,
        Cinq ans mit tout le peuple en rut ;
Qui, plus tard, entonnant une marche guerrière,
        Lasse de ses premiers amants,
Jeta là son bonnet et devint vivandière
        D'un capitaine de vingt ans,
C'est cette femme, enfin, qui, toujours belle et nue
        Avec l'écharpe aux trois couleurs,
Dans nos murs mitraillés tout à coup reparue,
        Vient sécher nos yeux en pleurs,
De remettre en trois jours une haute couronne
        Aux mains des Français soulevés,
D'écraser une armée et de broyer un trône
        Avec quelques tas de pavés... (1) »

Nous sommes en 1830. Vous le voyez, la liberté est fruste encore, elle est guerrière, lutteuse comme tout ce qui veut devenir. Le culte souterrain qu'on lui voue vient de produire une affirmation que des braves et des convaincus ont payée de leur vie ; elle les pleure, elle les chante tout bas ; mais comme ce qui arrive est nécessaire pour qu'elle existe, elle ne veut de la douleur que juste ce qu'il en faut pour aiguiser ses armes et, patiente, rentre dans le silence, travailler à se faire des néophytes. Quelle force ne veut-elle pas acquérir ! Ce n'est pas

---

(1) *Iambes.* — **Auguste Barbier.**

pour l'homme seul qu'elle se démène : c'est pour la femme aussi ; pour celle qui, née avec elle, la comprend, l'aime et la défend. De l'autre qui se meurt, elle n'a cure ; elle se donne toute au renouveau, sachant que ce qu'elle veut conquérir profitera à son heure à toute l'humanité. Elle attend...

Tout à coup, George Sand s'affirme. Elle paraît et révolutionne les esprits. Elle saute à pieds joints par-dessus les convenances, foule les conventions, saccage les préjugés : le monde est étonné, l'attention est captive, car elle parle pour exprimer ses amertumes, pour dire le résultat de ses observations et les révoltes de sa raison, pour sortir la Société de son aveugle indifférence sur ses vieux rouages, un langage superbe. Son style est enchanteur. Il promet, en plus de ce qu'il donne, tant de révélations suggestives qu'il remue les intelligences et les curiosités. Au train dont elle mène les questions, ne va-t-elle pas laisser échapper le mot de l'énigme qu'est la femme ? elle, l'émancipée, dont la vie proclame l'amour libre, et les écrits, la soif de toutes les libertés, en ayant l'air d'ouvrir le cœur humain, de lui arracher les secrets de ses souffrances, pour les jeter à la face de la loi comme preuves à l'appui de ses dires ?

Non, elle n'ira pas jusque-là. Elle n'est que la grande instinctive qui, brisant les chaînes du passé et cassant les vitres de la maison familiale, s'est lancée tête baissée dans l'inconnu. Elle est trop romantique et pas assez pratique, pas encore assez consciente pour être concluante. Sa valeur, pour la grande cause des femmes, est d'être la première émancipée qui, en confirmant le génie possible de notre sexe, frappa un coup retentissant sur la peau d'âne de l'opinion, en retenant, étonné et attentif, le monde de la pensée. Elle n'était pas la femme nouvelle, celle que nous voulons aujourd'hui ; ce fut un superbe produit de l'aristocratie et du peuple, portant en soi les qualités rares du métis qui ne se reproduit pas. Elle fit pressentir, pour les temps lointains, la valeur de la femme intégrale et la plaça au rang des forces avec lesquelles l'homme doit compter et par lesquelles l'humanité doit s'élever.

1848 la trouva agissante et libérale, travaillant ardemment pour le peuple et la Liberté. Sembla-t-elle à celle-ci d'un sang trop mélangé, elle ne la classa pas parmi ses héroïnes malgré les services réels qu'elle rendit à sa cause. Car si la question de l'affranchissement de la femme prend place à ce moment-là, il faut lui rendre cette justice, qu'elle l'avait vécue et imposée, et placée elle-même sous l'égide de la Liberté.

Nombre de ses congénères se jettent alors dans la mêlée. Deux déshérités, le peuple et la femme, font cause commune et se prêtent aide et assistance. Avec plus ou moins d'inconscience, mais avec une foi sincère et un amour profond de la Liberté, ils donnent leur vie pour elle, en martyrs, après avoir désiré son règne et l'avoir entrevu comme des visionnaires.

Et si le poète, nouvel Auguste Barbier, moins effrayé de la réalité qu'attiré par son rêve, se fût remis alors à la chanter, ce n'est plus seulement armée de pavés qu'il nous l'eût fait apparaître.

« A cette époque, disait, en 1888, Maria Deraismes, fondatrice de notre Société, en présidant une séance de la Société pour l'amélioration du sort de la femme qu'elle honorait d'un éloquent discours, à cette époque, la femme avait joué son rôle et des personnalités importantes avaient pris sa cause en mains. Mme Jenny d'Héricourt, intelligence d'élite, possédant un savoir exceptionnel, s'en était faite l'éloquent avocat.

« Elle avait écrit « la Femme affranchie » qui avait fait sensation.

« C'est en 1866 que le mouvement féministe commença de s'accuser. »

Ici, Maria Deraismes raconte son entrée dans ce mouvement, et je ne crois pas abuser des instants de l'auditoire en laissant la parole à notre fondatrice.

Mais avant, comme il me semble impossible de séparer la cause de la Femme de celle de la Liberté, je signale,

après la loi Guizot, les efforts de Jules Simon en faveur
de l'instruction des femmes, et la porte de l'Ecole pri-
maire, largement ouverte à la petite fille. Cette entrée
plus large et plus générale met enfin par l'enfant *la
Liberté à l'Ecole*. Elle permettra à la femme nouvelle
d'en sortir, et à nous-même de la suivre, depuis sa formation, dans son développement et dans sa progression.

« En 1866, relate Maria Deraismes, moi-même je me
trouvais dans une disposition d'esprit particulière. Dès
l'âge de raison, l'infériorité légale de la femme avait
choqué ma droiture naturelle et mon sentiment d'équité ;
l'observation de chaque jour me démontrait que cette
infériorité était absolument factice. Et arrivée en pleine
possession de mes facultés et de mon indépendance,
j'étais parfaitement décidée à entreprendre une campagne
à ce sujet, mais je me demandais sous quelle forme.
J'avais déjà planté quelques jalons dans des brochures,
des articles de journaux, des essais de théâtre, lorsqu'une
démarche fut faite auprès de moi. Quelques esprits dis-
tingués, à vue large, avaient conçu le projet de com-
mencer une propagande très libérale sous forme de
conférences organisée au Grand-Orient.

« L'originalité de leur plan consistait à introduire une
femme au nombre des orateurs. Ils vinrent donc me demander d'accepter cette mission. » Parmi ces promoteurs
il faut ranger en première ligne : Léon Richer, rédacteur
de l'*Opinion nationale*, Jules Labbé, Charles Sauvestre
et enfin Adolphe Guéroult, rédacteur en chef de l'*Opinion
nationale*. Il était resté fidèle aux enseignements de son
maître, le Père Enfantin, qui avait dit : « Il faut que la
femme parle. »

« C'est alors pour la première fois qu'on nous faisait un
reproche du silence, et Dieu sait si sur ce point nous avons
été victimes de calomnies. Adolphe Guéroult voulait que
la femme parlât et, suivant les doctrines saint-simo-
niennes, qu'elle dît ce qu'elle sentait, ce qu'elle pensait
et ce qu'elle voulait pour elle-même et pour l'humanité.

« Je consacrai les années 1868, 69 et une partie de 70,

à la question de la femme, je traitai ce sujet sous tous ses aspects, non seulement au Grand-Orient, mais à la salle des Capucines. »

« En 1869, se fondait *le droit des femmes*, avec Léon Richer, moi, et plusieurs autres. Nous avions alors comme collaboratrice, Mme Julie Daubié, auteur de « La femme pauvre au XIXᵉ siècle, *la première femme qui en France ait conquis son diplôme de bachelier.*» (*La liberté devient savante.*) « Avec elle, ajoute-t-elle, nous avions André Léo, auteur du « Mariage scandaleux, » Emilie Bosquet, Angélique Arnaud, etc. », toute une pléiade que je m'excuse de ne pas citer.

« En 1878, nous innovions, par un Congrès international du droit des femmes. Nous vîmes accourir là des femmes étrangères les plus distinguées, affirmer avec nous les droits imprescriptibles de la moitié de l'humanité. Ce Congrès eut une complète réussite, etc., etc. »

Ah ! la lutte lente, patiente, difficile et sacrée, Mesdames et Messieurs, depuis les premières menées des femmes vaillantes, qui ont su vouloir et qui, bravant l'opinion pour la forcer à sortir de la torpeur, ont courageusement affirmé le droit des femmes à la vérité et à la liberté, jusqu'au jour où devenant encore plus fièrement ambitieuses, à l'aide du savoir qui les découvraient à elles-mêmes avec des facultés nouvelles, Maria Deraismes s'écria, condensant toutes les aspirations : « Nous voulons être enfin ce que nous sommes et non plus ce qu'on nous fait ! »

Par sa voix, *la liberté en marche se préparait l'avenir.*

Car cette affirmation fut plus qu'une volonté exprimée : elle devint une orientation et resta une ligne de conduite. On sortit de la confusion et les réclamations se sérièrent.

La femme reçut une instruction plus large, plus étendue ; elle put obtenir le brevet supérieur, atteindre jusqu'au doctorat et exercer la médecine. Elle fut admise interne dans les hôpitaux. Dans l'enseignement,

Mme Kergomard fut nommée membre du Conseil supérieur de l'Instruction publique, ce qui était sans précédent.

« Le respect du droit d'autrui, l'égalité des droits, c'est l'acheminement vers la Justice », proclamait Maria Deraismes. Pénétrée de cette nécessité d'équité et désireuse d'apporter tous les moyens au pouvoir de son intelligence à la cause qu'elle défendait, elle fonda la Société pour l'amélioration du sort de la femme. Ce fut cette Société qui adressa en 1888, au Parlement, la pétition dans laquelle elle réclamait pour les femmes commerçantes le droit d'élire leurs juges consulaires, à l'égal des juges commerçants, droit qui, en 1898, comme chacun sait, leur fut conféré et reste le bienfait obtenu par Maria Deraismes, laquelle, d'un autre côté, appuyait de toutes ses forces la proposition, en faveur *du droit civil des femmes*, rédigée par Ernest Lefèvre, Yves Guyot, Frédéric Passy, Laisant, de Herédia, Michelin, de Lacretelle et Paul Bert ; droit qui reste à conquérir.

1889 et 1896 virent s'ouvrir des Congrès qui remuèrent fortement l'opinion publique. Des groupes, des ligues féministes se formèrent. Une élite de femmes, auxquelles s'en ajoutent chaque jour de nouvelles, se leva pour demander la réforme de la législation.

Mme Féresse-Deraismes ; Mme Bogelot ; Mmes Potonié, Pierre et Louise Barberousse, de regrettée mémoire ; Mme Pognon, qui dirige avec une maîtrise appréciée la Ligue du Droit des femmes ; Mme Cheliga-Lœwy, Mlle Monod ; Mme Schmall qui a revendiqué et obtenu le droit, pour la femme, de toucher le produit de son travail sans l'autorisation de son mari (la loi n'est pas en vigueur parce qu'elle n'a été votée jusqu'ici que par la Chambre des députés) ; la duchesse d'Uzès ; Mme Vincent, présidente de l'Egalité ; Mme Caroline Kaufmann, présidente de la Solidarité des femmes ; Mlle Bonnevial, qui emploie avec tant de judicieux entendement son active intelligence à la création de syndicats féminins et poursuit la conquête des postes administratifs pour la femme avec succès ; Mme Jeanne Oddo, présidente de la Société d'études, qui revendique un programme d'études, semblable pour les deux sexes, dans les lycées de l'Etat et les écoles municipales, afin que les filles puissent, comme les garçons, se préparer au baccalauréat. Cette pétition a été prise en considération par le Sénat et renvoyée au ministre.

La même revendicatrice demande la réforme du régime des biens de la femme mariée afin d'assurer à celle-ci la libre disposition de ses biens. Cette demande est poursuivie avec ardeur, et le succès, qui est certain maintenant, sera dû à Mme J. Oddo.

Viennent encore : Mme Moreau, présidente de la Société d'action pour l'amélioration morale et matérielle de la femme ; Mme Hubertine Auclerc, présidente du Suffrage des femmes ; Mme Elisabeth Renaud, secrétaire du groupe des femmes socialistes ; puis, Mlle Jeanne Chauvin qui, par sa constante revendication, obtint le droit de femme avocat ; Mme Avril de Sainte-Croix qui lutte avec vigueur, au nom de la dignité féminine, contre la prostitution réglementée ; et un grand nombre de femmes distinguées que je m'excuse de ne pas citer.

Des journaux et des revues se sont formés.

Le Journal des Femmes, dans lequel sa directrice, Mme Maria Martin, mène une campagne active contre la loi de 1892 qui, en défendant aux femmes de travailler la nuit et de faire des heures supplémentaires, les fait chasser par les patrons et remplacer par des hommes. (Si des mesures d'équité sont obtenues à ce sujet, on les devra à Mme Maria Martin.)

La Fronde, avec Mme Durand de Valfère comme directrice ; Mme Marguerite Durand, partageant l'idée de Mme Maria Martin, garde vaillamment, malgré contraventions et amendes, ses femmes typographes, composant le journal la nuit. Dans sa rédaction, au milieu d'une légion de journalistes faisant le plus grand honneur aux facultés féminines, il faut citer Mme Clémence Royer et Mme Souley-Darqué.

Puis *Les droits de la Femme* avec Mme Rosny.

La Femme, dirigée par Mme Sabatier.

Femina avec sa distinguée directrice Mme la vicomtesse de Réville.

L'Abeille, dirigée par Mme Pauline Savary.

La Revue féministe, avec Mlle Clotilde Dissart.

Le féminisme, de Mlle Maugeret, et enfin, *la Revue de l'École des Sciences pratiques*, ayant pour directrice Mme Vergnes-Vernier, laquelle a conçu un projet d'École coopérative avec cours ménager, agricole. industriel et commercial, du plus haut intérêt.

Bientôt les femmes docteurs en médecine furent officiellement désignées comme médecins des Lycées de jeunes filles, d'autres appelées à l'inspection des Enfants assistés. Elles sont éligibles au Conseil supérieur de l'Assistance publique.

Des élèves femmes sont admises à l'École des Beaux-Arts. Nous pouvons témoigner dans les actes civils, et les Conseils des Prud'hommes doivent s'adjoindre des Prudesfemmes.

A cette heure, comme je vous l'indiquais plus haut, le principe essentiel du Code civil, relatif au régime pécuniaire de la femme mariée, commence à être battu en brèche. La loi du 9 avril 1881, celle du 20 juillet 1898, portant création des Caisses d'épargne, ont permis à la femme mariée, quel que soit le régime de son contrat, de se faire délivrer un livret, de déposer des fonds et de les retirer elle-même, sans l'assistance du mari et sauf opposition de ce dernier.

Les dispositions de la loi du 20 juillet 1886, sur les Caisses de retraite pour la vieillesse, facilitent l'épargne de la femme mariée.

C'est surtout dans la classe ouvrière, chez les petits bourgeois, que l'abus du droit du mari sur les biens de la communauté est plus sensible. Aussi la Chambre a-t-elle été saisie d'une proposition dont je vous parlais tout à l'heure, qui devient la loi de M. Jourdan, tendant à protéger la femme contre les abus de la puissance maritale, et d'une autre, déposée par M. Goirand, ayant pour objet d'assurer à la femme, quel que soit le régime des époux, la libre disposition des fruits de son travail. Il faut citer la loi du 9 mars 1891, reconnaissant les droits successoraux du conjoint survivant, qui a permis à la femme ayant vécu dans l'aisance pendant le mariage d'échapper à la misère après la mort de son mari.

On pourra faire remarquer que cette loi n'est pas spéciale à la femme et que l'homme en profite autant qu'elle. A quoi nous répondrons : que ce sera *le plus admirable effet de la revendication féminine d'obtenir des réformes profitant aux deux sexes et que c'est, en effet, la grandeur de son but.*

Enfin la loi du 16 février 1893 a restitué à la femme séparée de corps, le plein exercice de la capacité civile et l'a affranchie de l'autorité du mari pour la gestion de sa fortune.

Reste encore cette question grave, qui, en 1895, a fait l'objet d'un projet de loi de M. Michelin, ainsi conçu : « L'incapacité légale de la femme mariée est abolie. » « Les articles 215, 217, 218, 221, 222, 224 et 225 du Code civil sont abrogés. »

Espérons que, contrairement à l'avis des pessimistes, « bien des années » ne se passeront pas avant qu'ils le soient.

1900 avec ses Congrès nous a fait franchir un grand pas. Les activités se déploient. L'indifférence pour la cause semble être vaincue.

Un conseil national des femmes, réunissant tous les groupes féministes et se ralliant au conseil national des femmes américaines, est en formation sous l'égide de nos plus compétentes, de nos plus zélées militantes. Il prépare une grandiose affirmation de la femme marchant à la conquête de ses droits.

Et si l'art, soucieux de fixer la vie au passage, voulait symboliser la femme à cette étape de l'évolution de sa

conquête personnelle et de la conquête de la liberté, ce
ne seraient ni la poésie ni la peinture qui, cette fois, se
sentiraient capables de l'exprimer, mais la statuaire.
Dans la pureté et la majesté du marbre, elle l'immorta-
liserait, hardie, vibrante et posée, la pensée au front, la
parole aux lèvres ou la plume à la main, la dignité et le
généreux amour de l'humanité qu'elle porte au cœur
reflétés sur son visage, le regard fixé sur l'horizon, se
cherchant elle-même, dans l'attitude d'une volonté ferme
qui attend de sa propre conscience enfin éclairée, le
mot de l'avenir, pour en faire don aux générations sui-
vantes.

Voici où nous en sommes ; c'est-à-dire en pleine lutte,
tant il est de questions qui se posent et se discutent en
tous sens, au point de vue individuel, au point de vue
économique, au point de vue social.

Tous les efforts sont méritoires; tous les moyens em-
ployés sincèrement dans l'intérêt de la grandeur et de l'importance du but à atteindre sont louables et précieux :
ils apportent bribe à bribe, pierre à pierre, les matériaux
nécessaires à l'édifice social que sera dans l'humanité *la
femme intégrale*.

Après « l'Homme libre » voulu par tous les penseurs,
les philosophes, les hommes soucieux de l'élévation et de
la dignité du caractère masculin, « la Femme libre »
voulue, obtenue par elle-même, c'est-à-dire la person-
nification de la Liberté en chaque individu.

Et, tout naturellement, nous en arrivons à cette grandeur de conception : *un être libre*, victoire humaine qui
exige une difficile supériorité dans le maniement de
soi-même; conception de l'expansion dans le relatif qui,
pour naître à la vie et être viable, exige le savoir de ce
qu'il faut faire pour le devenir, de ce qu'il faut être
devenu pour persévérer et se perfectionner.

Qu'est-ce donc qu'être libre ?

Etre libre, c'est se connaître assez, avoir assez de force
sur soi-même, savoir suffisamment ses droits, qui sont

ceux d'autrui, et les lois naturelles, pour ne rien faire qui pût sciemment nuire ni aux autres ni à soi-même.

Etre libre, c'est être fort, raisonnable, courageux en face de la vie : c'est savoir pour oser vouloir utilement, sans crainte de risquer de se briser contre ce qui existe depuis des siècles, et qu'il ne faut remplacer que par le règne de la Justice, de la Vérité, de la Paix et de la Solidarité.

S'il n'est rien de plus difficile que d'être libre, il n'est pas de but plus élevé que de vouloir le devenir.

Quand on évoque la Liberté, immédiatement c'est la faculté d'agir sans gêne qui semble en résumer l'idéal. Et cependant avant celle-ci, qui paraît plus agréable mais qui, plus que toutes les autres se limite de relativité, il en faudrait réaliser deux en soi-même : la liberté de la pensée, et la liberté de la conscience, c'est-à-dire la faculté de les exercer : *savoir penser* et *être conscient*, indispensables pour être libre et maître de ses actions.

Car, *pour être le plus libre* qu'il soit possible de devenir, *il faut arriver à s'affranchir dans autrui ; il faut le forcer à reconnaître notre valeur, notre droit, notre liberté, par la supériorité de notre manière d'être,* dans l'accomplissement de notre tâche, dans l'affirmation des qualités intrinsèques que nous possédons tous, sans que nous sachions le plus souvent mieux les employer au bien général qu'au nôtre.

C'est pourquoi, Mesdames et Messieurs, les meilleures armes à préparer, pour le triomphe de nos droits et de nos plus légitimes réclamations, résident : en la connaissance la plus sincère de soi-même, qui rend conscient, et des lois naturelles, qui donne la prudence et la force ; en l'étude sans relâche et l'amour de la vérité, qui éclairent le jugement et l'empêchent d'être à la merci des ambitieux et des cabotins ; *en notre véritable conquête personnelle* enfin, *nous permettant de penser, de juger, d'agir à l'égal des autres et de n'être le jouet de personne.*

Faisons la preuve de ce que nous valons, Mesdames et Messieurs, toute notre force est là. Le fait, et non des mots. Et, en même temps que nous travaillons à nous conquérir socialement, moralement et intellectuellement, à solidifier notre raison et à éclairer notre conscience, assurons la liberté matérielle.

Madame le Dr Edwards Pilliet, dans la dernière conférence de la Société pour l'amélioration du sort de la femme et de la Revendication de ses droits, à la mairie du VIIIe arrondissement, exprimait le très judicieux désir de voir tout enfant, de quelque naissance qu'il fût, apprendre non seulement un métier, mais deux. En cas de chômage de l'un, l'autre pouvant donner de l'ouvrage. Je me range entièrement à cet avis en me permettant d'insister.

Les Grecs Egyptiens élèvent leurs petites filles sur ce principe : « Rien ne vaut l'air libre pour l'oiseau, rien ne vaut pour tout le monde l'indépendance » ; c'est fort beau à dire et peut-être plus facile à réaliser au pays du Soleil? mais nous ne sommes pas des oiseaux, et pour jouir de l'air libre et de l'indépendance, il faut que cette dernière soit assurée.

Où trouver une indépendance plus digne de soi, au milieu de la société actuelle, que dans le travail justement rémunéré, qui libère l'individu de toute chaîne avilissante, dans la possession d'un état pour lequel on a fait un sérieux et consciencieux apprentissage? Non pas cet apprentissage qui n'est qu'une variante de l'emploi de garçon de courses ou une abrutissante et stérile spécialisation, mais *la connaissance aussi parfaite que possible du métier choisi*, de façon à le posséder entièrement. Un vieux proverbe dit : « A l'œuvre, on connaît l'artisan. » De notre temps, l'artisan est rare : on est manœuvre ou artiste ; il semble qu'on ne veuille pas de milieu ; et c'est contre cette arbitraire, injuste et inhumaine tendance qu'il nous faut réagir de toutes nos forces. Car l'individu qui possède bien à fond son état, qui sait se servir de toutes ses facultés pour le parfaire, est un être d'attention qui, par la pensée, peut s'élever jusqu'à la compréhension du compliqué problème qu'est la science de vivre.

L'attention! voilà la véritable force motrice de l'entendement. C'est la plus précieuse des conquêtes à faire en chacun de nous.

L'on n'accomplit rien de bien, de profitable, qu'en s'appliquant à la maintenir. C'est elle le germe du progrès, de la pensée, de l'observation, de l'étude, de la science, de la vérité et du génie. Voilà pourquoi nous ne saurions mieux faire que de l'exiger dans nos enfants, en les amenant à aimer leur métier par l'intérêt qu'ils y prendraient et l'attention qu'ils y dépenseraient.

Les efforts de réflexion, d'adresse, qu'il faut continuellement renouveler dans le but de réaliser par soi-même une œuvre entière qui, si infime fût-elle, exige l'harmonie et l'équilibre, sont les armes acquises parce quelles sont les règles essentielles pour vaincre les difficultés attachées à toute tentative, à toute entreprise d'une œuvre quelle qu'elle soit. Et voilà un individu libéré : par l'attention, il marche vers la perfection ; par l'acquis de son esprit mieux éclairé, habitué à réfléchir, il marche vers le discernement et vers la vérité ; par sa volonté, par sa facilité de travailler, de produire en toute conscience, il est sur le vrai chemin de la liberté.

Avec un métier en mains, choisi selon les tendances et les dispositions, et du travail, l'on ne possède l'indépendance qu'en respectant les lois de l'hygiène qui découlent des lois naturelles (lois que la femme, plus que quiconque, est apte à étudier en elle-même si elle veut s'en donner la peine). Ce sont elles, ces lois de l'hygiène, qui nous empêchent d'être tributaires de nos passions, lesquelles, par la satisfaction inconsciente et l'abus, nous traînent en esclaves derrière elles, s'opposant à ce que nous puissions profiter de la grande œuvre de libération entreprise pour la femme, pour le progrès, pour le plus grand bien de l'humanité, *et qui obstruent toute compréhension*.

Car, jusqu'à présent, a-t-il été bien compris par les plus intéressés, ce gigantesque mouvement qui s'agite depuis un siècle?

Aujourd'hui, que de tous côtés et de toutes manières on y travaille, que les hommes et les femmes commencent à s'émouvoir, *l'est-il seulement par celles-là mêmes qui devraient le mieux en connaître et la genèse et le but?* C'est douteux. Depuis que l'émancipation féminine, cette guerre de tirailleurs d'autrefois, en se groupant, en s'ordonnant, en se constituant, a pris corps et a remué l'indifférence, depuis qu'elle est devenue « *le Féminisme* », le but n'est pas plus élevé qu'avant, mais il est mieux défini; les moyens de lutte s'organisent, et, par conséquent, avec les résultats obtenus, la route s'élargit. Le mot s'impose davantage. Est-il mieux compris? Il flotte bien plus encore dans les imaginations que dans les intelligences. Non seulement il est devenu nécessaire de le fixer dans l'entendement, mais il est possible de répondre nettement à une question que bien des personnes, ignorantes de ce qu'il veut devenir et ne pressentant pas son véritable mobile, se posent en face de lui.

Qu'est-ce que le féminisme?

Le féminisme, c'est le mouvement social qui veut obtenir des gouvernements l'égalité des droits civils et politiques de la femme avec ceux de l'homme, pour permettre à la femme le développement intégral de ses facultés et conduire l'humanité vers la Liberté, par la science de la vie que la femme porte en elle.

Le féminisme est donc plus que la cause de la femme, c'est celle de la Liberté, c'est celle de l'Humanité. Plaider l'une, c'est plaider les autres. Est-il un mouvement plus sacré pour l'individu?

D'où vient cependant que si peu de personnes s'en préoccupent?

La liberté, pour se faire jour, eut longtemps à lutter contre l'autorité; aujourd'hui, c'est dans les conventions, dans les mœurs, dans les coutumes dans les habitudes, dans l'atavisme, dans les difficultés économiques, dans l'individu lui-même, qu'elle rencontre ses adversaires les plus sérieux, les plus terribles, dont quelques-uns sembleraient irréductibles si nous ne savions quelle puissance réelle l'idée exerce sur un cerveau qui a compris que c'est dans son intérêt que l'on milite.

Le changement effraie. La généralité est ainsi faite que, souffrant, elle préfère la routine connue à un état meilleur possible, dont elle est l'inconscient cran d'arrêt, mais pour lequel il faudrait se déranger, sinon lutter et se dévouer. Elle attend qu'un fait probant s'accomplisse et l'instruise sur ce que vaudrait le changement proposé. A tel point, que quantité de femmes intelligentes qui ont souffert d'un état défectueux, se refusent à entrevoir l'utilité de la conquête de nos droits et se montrent, plus que l'homme même, hostiles et réfractaires. Je veux croire qu'elles n'ont pas approfondi la question, qu'elles ne l'ont pas regardée en face ni tout à fait comprise.

L'humanité est composée de deux facteurs qui possèdent chacun des facultés intrinsèques morales et physiques, spéciales, différentes mais complémentaires les unes des autres. Tant que ces deux facteurs n'auront pas pu développer intégralement ces facultés, chacun dans le sens qui leur est propre, non seulement la question sociale ne pourra se résoudre, mais la félicité, cette chimère poursuivie qui, si elle existe, ne saurait être que relative, restera inconcevable. *Reconnaître les supériorités intrinsèques de la femme et de sa nature et faciliter leur extension, c'est compléter le couple humain, c'est l'élever, c'est l'agrandir, c'est supérioriser l'humanité.*

Il ne faut donc plus de la constante et stérilisante lutte des sexes.

Tant que la femme n'aura pas les mêmes droits que l'homme, la même culture, la même liberté d'évolution dans toutes ses facultés, conduites et dirigées selon la vérité et les destinées, de son sexe, selon les lois de la nature et la dignité puisée dans la conscience, *l'huma-*

nité souffrira par sa faute. Elle se prive de valeurs qu'elle possède réellement, qu'elle sacrifie volontai- rement pour une implacable et trop souvent inconsciente et instinctive ambition : celle de l'homme de se croire le maître.

Et cependant, s'il réfléchissait impartialement, il comprendrait qu'*être féministe ce n'est pas vouloir faire prendre à la femme la place de l'homme, c'est lui conquérir celle qui lui est due, c'est vouloir qu'ils aient chacun la leur en toute égalité, en toute liberté, pour le bien de tous.*

Privés de l'expression des facultés libérées de l'esprit, de l'intelligence de la femme, nous pouvons à peine, en ce moment, entrevoir ce que l'avenir réserve à l'humanité quand, éclairée, honorée dans sa valeur intrinsèque, respectée dans sa maternité, *la femme intégrale ne pourra plus être ni un jouet, ni un moyen, mais un être conscient, en pleine possession de soi-même, apportant librement sa part d'initiative, de direction, avec l'ampleur, la souplesse, la finesse et la fécondité de sa cérébralité.*

Sur les plus essentielles des questions sociales, l'homme ne semble-t-il pas avoir dit son dernier mot ? **N'est-il pas réservé à la femme intégrale d'apporter enfin la lumière et d'éclairer la route ?**

Le progrès n'est pas d'étouffer les facultés des uns au profit de celles des autres, qui ne sont perfectibles par elles-mêmes que jusqu'aux limites assignées par la nature. *L'homme et la femme sont le complément l'un de l'autre. Tant que la femme ne sera pas à même de s'affirmer intégralement,* **c'est l'homme lui-même qui ne sera pas complet.**

Le progrès n'est pas une œuvre de sauts périlleux, comme il semble qu'on le croie ; ce n'est pas une œuvre de pure raison, dirigée par un petit nombre d'individus empressés de tirer parti de leur supériorité pour s'emparer du gouvernement et modeler l'esprit humain à leur convenance. *Le progrès, c'est l'initiation générale à la vérité.*

La vérité, ce n'est ni la science, ni la gloire, ni les sectes religieuses et civiles, ni la fortune, ni toutes les inventions de l'Orgueil, de la Peur, du Mépris, de l'Idéalisme on de l'Imagination. *La vérité, c'est la vie.* C'est la connaissance des lois naturelles, le savoir de tout ce qui se rapporte à l'être humain, à son évolution, à son perfectionnement, à ses besoins, à son équilibre, à ce qu'il doit être pour lui-même et pour autrui.

On nous dira : « Pour un petit nombre de femmes qui comprend cela, la généralité ne s'en inquiète guère et n'est pas à même de se hausser jusque-là. » La femme, répondrons-nous, est d'entendement éminemment souple et assimilateur. Depuis une trentaine d'années, la mentalité générale n'est-elle pas sortie de la veule passivité que l'accoutumance des siècles avait ancrée dans les masses humaines?

Forcée de lutter pour vivre, souffrant des changements intervenus dans l'économie sociale, la femme s'aguerrit. Est-ce que tous : hommes, femmes et animaux, l'on pourrait dire, ne se sont pas habitués aux modes de locomotion bouleversant le monde? Les villes, les routes sont sillonnées de locomoteurs, libres ou sur rails, auxquels les animaux se sont aussi bien faits que les hommes. Tout s'éclaire, la lumière brille partout.

Peut-on croire que, sans nous en apercevoir, le même travail ne s'opère pas, à d'autres points de vue, dans toutes les intelligences humaines et que la femme, fécondable par nature, n'en bénéficie dans une mesure plus profonde et plus profitable? Si nous le voulions fermement, Mesdames, en peu de temps, les mentalités de toutes les femmes se modifieraient. Il ne s'agit pour s'imposer que de le vouloir sans relâche. Tout ce qui se fait en faveur du féminisme, les conquêtes, les affirmations, du moment qu'elles jettent dans le monde la grande idée de la femme intégrale et qu'elles l'implantent, sont bonnes en soi, utiles à chacune de nous et à la cause de tous.

L'essentiel est d'y tourner les esprits, de les habituer à cette idée simple : *La femme, comme toutes les forces de la nature, possède une valeur intrinsèque qui, connue, développée, appréciée et respectée, apportera à la société, à l'individu, par sa libre extension et son emploi, l'équilibre qui leur manque.*

Avant de changer de direction, à chaque essai, on a l'habitude de tourner la tête en arrière, d'interroger le passé pour lui demander une solution. Il ne donne qu'une réponse, à la fois décevante et encourageante : « Tout se renouvelle », que le scepticisme accueille avec ironie, avec l'« à quoi bon » paralysateur des efforts des novateurs.

Qu'on cherche dans l'histoire, il ne s'y est encore rien produit de semblable : les femmes du monde entier s'unissant pour se libérer, pour se supérioriser et s'employer au bien général.

Marchons donc devant nous : tout ce qui fut grand vola de ses propres ailes. Les époques et les hommes ne semblent sortir vibrants d'eux-mêmes que parce qu'ils secouent le joug du passé en s'affirmant suivant leurs propres tendances et leurs spéciales conceptions. Certes, il est précieux, il est utile de savoir que, dans la nuit des temps, la femme régna et fut prépondérante ; il est nécessaire de s'appuyer sur une base solide pour s'élancer : l'essor n'en est que plus rapide et plus élevé. Mais ce qui importe, c'est la volonté ferme de la conquête de la liberté par l'égalité des droits. Pas de supériorité d'un sexe sur l'autre. Ils doivent arriver à se fondre, à se compléter moralement, par la cessation de l'ignorance qu'ils ont l'un et l'autre de la valeur, de la puissance de leurs facultés intrinsèques.

Et s'il était permis, dans des questions aussi graves, de rêver tout haut, nous évoquerions l'époque où les deux sexes égaux, légalement unis pour la lutte de la vie, éclairés par la Liberté et l'Egalité, chercheraient la

Fraternité par l'amour et la Justice effective. Pour arriver à cet état, il faudrait que nous, les femmes, nous eussions le courage de vouloir toutes ensemble fermement, ce que chacune, aussitôt qu'elle le comprend, désire au fond de soi-même. Ne soyons ni timorées, ni indécises, Mesdames. Il ne s'agit pas seulement de nous, il s'agit du progrès de tous. Nous sommes dans une époque vibrante ; la fécondation s'opère. L'humanité tressaille dans la profondeur de ses entrailles. Nous le sentons toutes : le moment est venu. Celles qui s'occupent de la question avec désintéressement et sincérité le comprennent en elles : le terrain est prêt. Il en est des idées comme des êtres : elles se fécondent, se forment et naissent dans une sorte d'ivresse à laquelle la femme participe, parce que le but de sa nature morale aussi bien que de sa nature physique est d'être fécondée, et que tout, moralement et physiquement, se crée de la même manière.

Soyons donc infatigables pour la bonne cause. Il est temps que toutes les femmes, que toute l'humanité comprenne l'utilité, la grandeur du féminisme. Faisons, chacune dans le milieu où nous nous trouvons, non seulement la propagande par la parole, mais la propagande par le fait. Tâchons de faire la preuve de ce que nous valons réellement et d'être solidaires.

La solidarité féminine, voilà ce qui devrait être la grande force présente des femmes

Le nombre et l'union sont la seule défense résistante, la réelle chance de vaincre, de ceux qui ont été mis en état d'infériorité. La victoire, quand elle est maîtresse d'elle-même, permet la mise en valeur des qualités intrinsèques du vainqueur; mais, jusqu'à la victoire, notre force est la solidarité.

Une grande conquête sera faite quand nous serons persuadées que ce n'est pas à nous de nous rapetisser, en nous moquant les unes des autres, en nous dénigrant, en nous méprisant. Si la vérité est une, elle est renfermée dans une multitude d'esprits qui se manifestent comme ils peuvent et dont nous devons faciliter l'expression en respectant la part que chacun apporte dans une manifestation plus ou moins sympathique, bizarre ou originale. Nous devons nous armer de courage et de persévérance. Luttons le bon combat, toutes, en essayant de comprendre la grandeur de l'idée enfermée dans cette lutte. Nous pouvons beaucoup pour le bien commun si nous voulons, si au-dessus des personnalités, nous nous unissons dans une même croyance : la cause de la femme est celle de l'humanité.

Faisons comme les exploiteurs de la science appliquée, employons la réclame. Répétons sans cesse que *le féminisme n'est pas une révolte de quelques esprits faux, en quête de petite gloire, par les chemins détournés, mais une croisade sainte dont l'humanité entière bénéficiera.*

Dans toutes les religions antiques qui ont donné à l'homme les lois morales, les principes sociaux, à la faveur de la puissance et de la sécurité calme, malgré les intrigues d'accaparement de la propriété et de l'autorité et les complications du culte, certains esprits libéraux, appréciant avec impersonnalité les destinées de l'humanité, placèrent au-dessus ou à côté de toutes les croyances, une femme portant un enfant dans ses bras. Peut-on croire que l'exaltation du doux mystère d'amour qui perpétue la race humaine : la mère et l'enfant, qu'on retrouve au sommet de toutes les religions, au-dessus des passions, à côté des adorations, n'y figure que par une vaine et décorative coïncidence ? Croit-on que ce symbole de la vie sans cesse renouvelée dans le sein de la femme et conservée dans ses bras, par ses soins, ne soit que la création d'un vain emblème, dans des imaginations plus ou moins fertiles ?

Tout l'avenir de la race est en lui, c'est l'éternel renouveau.

Que voulons-nous ? Que ce doux et respectable symbole ne soit pas une vaine image incomprise, que les 99/100 des êtres qui le regardent, et souvent l'implorent, en comprennent la grandeur, la vérité, la simplicité : *la mère portant l'enfant, voilà le but de l'humanité puisque c'est là son moyen de durer.*

Ayons le courage de le dire, ayons surtout le courage de vouloir qu'elle le porte en toute liberté.

Que l'on ne s'y trompe pas, *si l'on travaille à éclairer la femme sur elle-même, c'est bien aussi pour la mener à cette supériorité d'une maternité consentie après un amour conscient.* C'est alors que d'elles-mêmes, sans que nous puissions actuellement prévoir ce qu'elles se feront, les coutumes, les institutions se modifieront, et bien plus tôt que nous le supposons, si nous le voulons fermement.

N'est-ce pas à nous, femmes, de donner aux jeunes gens et à l'homme le respect de la femme enceinte, et de lui enseigner qu'en cet état elle doit être sacrée pour tous ?

Au lieu d'en laisser faire un objet de risée ou de mépris, nous devrions, les premières, imposer par notre propre manière d'être, de parler, d'agir, la conviction que la femme fécondée doit être l'objet de l'attention, du respect de tous. Non pas pour encourager le vice, mais pour sauver du désespoir la femme qui va payer à l'amour, dit illégitime, le plus sublime, le plus douloureux des tributs ; car, dès l'instant que la vie est née de l'amour et qu'au prix de tortures morales et de souffrances physiques un autre être verra le jour, nous toutes qui savons le prix de l'existence ou qui en portons en nous la prescience, soyons bonnes, indulgentes et solidaires, n'accablons pas la femme, mais au contraire soutenons-la, pour la sauver d'elle-même.

On vient dire : « *Toutes les femmes ne sont pas mères.* » C'est incontestable. Mais celles qui ne le sont pas sentent moins le prix et le poids de l'existence. *Puisque nous travaillons pour toutes les femmes, c'est sur celles qui donnent à l'humanité des éléments de vie que nous devons porter le plus de sollicitude.* Car les autres sont une exception regrettable. J'en demande excuse à toutes les personnes qui sont dans ce cas-là, mais la vérité s'impose : la femme n'est et ne peut être moralement et affectivement complète que lorsqu'elle a été mère.

A part les empêchements physiologiques ou sentimentaux très respectables, beaucoup moins fréquents qu'on ne veut le dire, pourquoi toutes les femmes ne sont-elles pas mères et, si ce sont des exceptions, d'où viennent-elles ?

Si la plus grande partie des femmes ne peut accomplir son évolution morale et physique, c'est que les lois existantes ne répondent pas aux exigences des besoins de la Société actuelle, c'est que cette discordance crée la perturbation et la porte aux sources mêmes de la vie dans l'être humain.

D'une part, la crainte de l'état de mariage et des difficultés de se marier, les questions économiques, la lutte pour l'existence.

D'autre part, la stérilité voulue, l'égoïsme, et, pour le plus grand nombre, l'absence d'hygiène et de thérapeutique aussi bien morales que physiques.

En constatant, nous ne pouvons que déplorer. Car la maternité n'est pas seulement la plus grande et la plus importante fonction organique de la femme, ce n'est pas seulement une mission et une charge, c'est une des lois de son évolution, le but naturel de sa vie, et le plus doux, le plus sérieux des amours. Avec la rare amitié, est-il rien de supérieur, comme pureté de sentiment, à l'amour maternel et à l'amour filial?

C'est sur ce point essentiel qu'il nous faut porter notre attention et nos soins.

La force de l'évolution sociale fait que la femme lutte tout comme l'homme pour la vie (et il est juste de reconnaître qu'elle lutte deux fois en même temps: une fois pour vivre, l'autre pour acquérir une place qui ne lui avait pas été ménagée économiquement, c'est-à-dire dans des conditions déplorables). Qu'est-ce donc en comparaison de ce qu'elle endure dans sa vie naturelle et affective, dans l'expansion de ses plus légitimes aspirations?

Nous ne devons pas la laisser dans un état qui ne peut lui conseiller que la révolte ou la vengeance, et il nous faut savoir que si la femme réclame ses droits civils et politiques, c'est afin d'acquérir :

La liberté, *qui lui permette de s'assurer la véritable indépendance matérielle ;*

La liberté, *qui facilite l'extension et la culture de toutes ses facultés et l'acquis de son « moi intégral » ;*

La liberté, *qui lui permette d'aimer en toute responsabilité, selon son choix, en toute conscience, selon son cœur,* c'est-à-dire la liberté *qui fasse de la maternité un sacerdoce parce qu'elle sera la glorification de l'amour.*

Rendons la femme responsable de ses actes, c'est le plus grand pas à faire sur le chemin de la liberté. Quelles éducatrices ne pourrons-nous pas avoir alors ! Rendons-la capable d'envisager la vie par elle-même. Qu'elle n'ait plus de raisons d'accuser sans cesse les autres de malheurs nés de son inconscience, de son ignorance des lois naturelles.

Faisons de toutes nos femmes des êtres de pensée et de raison, dès l'enfance ; et nous aurons moins de filles de joie qui entraveront trop longtemps encore notre marche en avant. Par elles, qui restent des servantes-maîtresses dans la satisfaction des plus bas instincts, l'homme ne peut que s'avilir ; par la femme de pensée, de jugement, de sentiment, l'homme ne peut que s'ennoblir.

Elevons-nous donc au-dessus des petitesses d'esprit, au-dessus des préjugés, au-dessus des susperstitions bien plus persistantes qu'on n'a l'air de le croire ; élevons-nous au-dessus des croyances, en les respectant, au-dessus des opinions politiques, au-dessus des intérêts pécuniaires : il s'agit de l'humanité, c'est sa cause que nous défendons.

Et comme cette cause est primordiale, une fois résolue, elle entraînera des réformes sans nombre, une action analogue à celle que peut produire sur un être intelligent et sur ceux qui l'entourent, le changement qui s'opère en lui, lorsqu'après avoir eu les pieds et les poings liés pendant de longues années, il possède enfin la libre et consciente jouissance de ses membres, capables désormais de véhiculer et de faire valoir son intelligence, forte de sa liberté même.

Non seulement nous avons toutes le devoir, nous, les femmes, de nous associer au mouvement qui veut ce grand bienfait, d'y apporter notre part de travail, mais nous devons conserver intacte la plus appréciable de nos facultés.

Bien haut, très haut, plus haut encore s'il se peut, tenons notre cœur au-dessus des futiles sentimentalités et des rivalités avilissantes, et gardons-le vibrant et fier.

Du grand et complet symbole des aspirations régénératrices, la Liberté, l'Égalité, la Fraternité, nous travaillons à réaliser les deux premières, par le droit et par la vérité de la vie. Lorsque nous les aurons rendues rayonnantes et actives, c'est la fraternité qui réclamera nos soins. Ne nous y trompons pas, c'est elle qui sera le plus difficile à acquérir. De hardis pionniers, pleins de désintéressement, sont en marche pour lui frayer passage ; mais on ne fera de besogne réellement profitable que lorsque ses deux aînées, la Liberté et l'Égalité, solidaires et complètes, seront de droit deux personnes vivantes et normales. Voilà où la femme éclairée, après avoir appris à conduire sa vie par la raison et le savoir, pourra utilement employer les ressources intarissables de son cœur.

Et c'est ainsi que, réalisant les aspirations et les espoirs de tous les hommes justes, de toutes les vaillantes, dont l'une d'entre elles, au cours de la lutte, s'écriait : « La France a eu des preuves que l'intervention de la femme était nécessaire à son existence. Que notre foi en cette intervention nous anime et nous guide. Il ne peut être question de personnalité. Une personnalité, au temps où nous vivons, serait bien vite mise à néant. Il

faut élément contre élément, la foi de toutes luttant
contre l'indifférence et l'aveuglement de tous, » j'ajoute-
rai avec Mesdemoiselles Bélilon, si dévouées à la cause
des femmes, et qui terminent comme suit une de leurs
études : « Une femme, Jeanne d'Arc, a bien sauvé la
France, le féminisme peut bien sauver la société. »

Lydie MARTIAL.

Paris, 28 avril 1901.

9 782019 479602